CONCLUSION

DE LA

Question Romaine

Par l'abbé X...

PRÊTRE DE MARSEILLE

> Que le Pape habite dans cette vieille Rome, loin de la main des empereurs et des rois. Pour le gouvernement des âmes, c'est la meilleure, la plus bienfaisante des institutions qu'on puisse imaginer. *(Napoléon)*
> THIERS, *Hist. du Cons. et de l'Emp.*

> Le Seigneur replacera la Papauté, une fois de plus, agrandie par l'infortune, sur ce trône de Rome, où ne peut tenir que lui.
> Mgr PLANTIER.

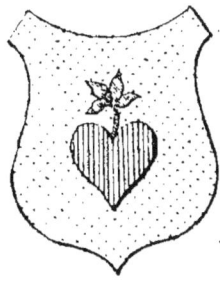

AIX
ACHILLE MAKAIRE, IMPRIMEUR-LIBRAIRE
2, rue Thiers, 2
——
1896

CONCLUSION

DE LA

Question Romaine

Par l'abbé X...

PRÊTRE DE MARSEILLE

> Que le Pape habite dans cette vieille Rome, loin de la main des empereurs et des rois. Pour le gouvernement des âmes, c'est la meilleure, la plus bienfaisante des institutions qu'on puisse imaginer. (*Napoléon*)
> THIERS, *Hist. du Cons. et de l'Emp.*

> Le Seigneur replacera la Papauté, une fois de plus, agrandie par l'infortune, sur ce trône de Rome, où ne peut tenir que lui.
> Mgr PLANTIER.

AIX
ACHILLE MAKAIRE, IMPRIMEUR-LIBRAIRE
2, rue Thiers, 2

1896

AVANT-PROPOS

La publication de ces feuilles devait se faire en 1870, la veille de la terrible catastrophe dont la France et la Papauté furent les victimes. Alors elle aurait eu une incontestable utilité, révélant les ténébreuses machinations de leurs auteurs : l'Empire et la Royauté Sarde. Elle n'aurait pas fait avorter, nous ne nous faisions pas illusion, le complot satanique de deux Forts couronnés ligués avec une abominable secte contre un Faible sans défense, mais du moins elle eût été, en assignant les responsabilités de chacun, une protestation de notre âme indignée et un cri suprême d'alarme jeté au monde. Elle eût en outre battu en brèche l'opinion déplorablement fausse des aveugles, qui osaient à l'époque, de concert avec les lâches, demander, dans l'intérêt général de la paix, que le Pape cédât la dernière parcelle de son domaine temporel, dernière garantie de son indépendance, ne comprenant pas, les malavisés, que rien ne réveille tant l'appétit d'un forban que des concessions faites à ses convoitises.

Evidemment la mise au jour de ces pages tardives, vingt-six ans après l'évènement qu'elles annonçaient, n'a plus le même intérêt. On ne saurait dire pourtant qu'elles soient sans importance.

En dévoilant aux yeux des hommes, les uns ignorants, les autres mal instruits, le fil de cette odieuse trame si savemment ourdie, si tranquillement et longuement méditée, si persévéremment conduite et accomplie avec l'art raffiné d'une noire, honteuse et inconcevable hypocrisie, elles leur apprendront ce que les irréconciliables ennemis de la Papauté sont capables de faire, par ce qu'ils ont fait. C'est une révoltante comédie qu'ils ont jouée ; mais la tragédie où la violente expulsion du Pape de Rome, but final et caché de leur plan scélérat, peut suivre.

Elles leur apprendront aussi, et à tous, une fois de plus en ce siècle, qu'on ne touche pas au Pontife Romain sans danger, pas plus qu'à une clé de voûte.

Ne fussent-elles qu'un recueil de documents pour l'histoire vengeresse, qu'elles auraient leur utilité.

Heureux serons-nous si de la lecture de cet opuscule écrit en un temps où il fut, oserions-nous dire, prophétique, et ne put être imprimé, il en résultait quelque bien pour l'Eglise et la France, qui surtout y trouvera à méditer et retenir, gardant cher et inébranlable dans le fond de notre cœur, l'espoir assuré de la délivrance en un jour du Chef de l'Eglise ; car, qu'on le sache, au-dessus des potentats qui gouvernent les peuples, il y a le Tout-Puissant, qui joue son jeu sur l'échiquier de la terre !

La folle ! l'ingrate Italie ! geôlier du Pape, son indestructible rempart ! sa gloire la plus pure ! Elle a beau faire, nouer force alliances, multiplier ses armées, élever de redoutables défenses sur ses frontières, doubler, tripler sa puissance maritime, elle y perdra son temps, sa peine, probablement son argent, et qui sait si pas autre chose qu'elle a tant à cœur ? La main de Dieu qui vient de frapper le coup dont son amour-propre national a le plus souffert, s'abattra un jour sur elle et brisera les fers de son captif.

Bien compté, cinquante-deux fois en vingt siècles presque, les Papes ont été dépossédés de leur domaine temporel, et cinquante-deux fois ils y ont été réintégrés. Dieu est intervenu. Il interviendra de nouveau : le passé répond pour l'avenir. A quelle heure ? c'est son secret. Et comme pour l'accomplissement de ses desseins, Dieu se sert de moyens humains, à défaut d'un Franc, ce sera par un autre, fût-ce un Souworow. *Hæc firma fides in sinu nostro.*

CONCLUSION

De la question Romaine

S'il est une question, à cette heure, qui doive intéresser les hommes, c'est sans nul doute la question romaine, dont la solution imminente revêt un caractère de gravité sans égale.

Aussi les esprits sérieux, amis de l'ordre de la paix et du bonheur des peuples, en sont-ils vivement préoccupés ; et l'on ne comprendra jamais l'apathique insouciance de ceux qui la négligent ou la traitent sans importance. Si la justice, l'ordre, la paix et le bonheur sont contenus dans des principes comme dans un germe, ces principes sont à Rome sous la haute et inviolable garantie du Pontife-Romain qui a reçu directement du Christ le pouvoir divin de les enseigner dans une entière indépendance, et le courage d'en défendre, jusqu'au sang s'il le faut, l'inaltérable intégrité.

Or l'auguste dépositaire de ces immortels principes va-t-il être envahi dans son asile sacré? Pour les uns, la chose est impossible, peu probable pour les autres. Elle est impossible pour des aveugles, peu probable pour des hommes trop confiants. Impossible et peu probable pour ceux qui n'ont pas suivi attentivement le développement progressif du drame douloureux qui touche à son terme.

Mais, pour nous, la chose est indubitable. Nous le disons, le cœur navré, le dénouement en est proche. La trame impie qui s'ourdit depuis dix ans est à nos yeux achevée. Les sacrilèges spoliateurs des plus riches portions du domaine pontifical vont faire main-basse sur sa dernière parcelle. Pour nous, la chose est certaine.

Deux bras pourraient maîtriser les violents ennemis du Saint-Siège, qui ne cessent de vociférer le cri sauvage de : « Rome ou la mort. » Par eux-mêmes, nous savons qu'ils ne peuvent rien : une poignée de Français ; que dis-je, une poignée? Une sentinelle ; moins que cela, un mot, les réduirait à néant, même ce Garibaldi, inerte automate, passif instrument, ridicule mannequin dans la main d'un mystérieux agent, visible ou invisible, suivant que cette hypocrite main l'abaisse ou l'élève, le montre ou le cache, le montre général conquérant à la tête d'une armée de volontaires, ou le cache ermite dans une île. Que ce hardi forban, seul, ne puisse rien, plusieurs faits l'ont prouvé.

Deux bras donc, je n'en vois que deux en ce moment, seraient capables d'arrêter ce chef de brigands et son armée de vagabonds sur le chemin de Rome : le bras de la France ou de l'Italie.

La France ou l'Italie l'arrêteront-elles ?

J'affirme que non.

Tout mon dessein, en écrivant ces quelques lignes est de le prouver, et ainsi, s'il se peut, réveiller les hommes d'ordre de la fausse sécurité dans laquelle ils s'endorment et sauver la Papauté du grave danger où elle se trouve.

FRANCE

La France ne l'arrêtera pas.

Pour en juger, que l'on veuille d'abord considérer un instant son attitude en face des évènements accomplis depuis le premier jour qu'a été posée la Question Romaine.

I.

Nous avons encore le souvenir de cette émouvante publication jetée, à l'époque, comme une bombe dans le monde politique et religieux. Le titre y était, mais de signature, il n'y en avait pas. L'auteur y était comme caché sous un masque, au travers duquel néanmoins nous l'entrevîmes, mais que depuis le temps a dévoilé à tous les regards : *Le Pape et le Congrès*, signé aujourd'hui Lagueronnière.

Là est tout un plan de ce qui s'est fait jusqu'ici et se faira encore. Là est une conclusion indiquant un but à atteindre, fidèlement traduite et bien nommée par tous : le Vatican et ses jardins.

Or, ce but final a été poursuivi lentement, mais, remarquez, persévéramment et irrésistiblement. Jamais un pas en arrière, toujours un en avant.

En effet, le Piémont et la Révolution ne peuvent faire le premier pas vers le Vatican et ses jardins, si, avant tout, on n'expulse l'étranger formidable, qui plane comme une ombre protectrice sur les duchés et les domaines du Pape. Le roi de Sardaigne ne le pouvant seul, la France aide ; et, presque en même temps que celle-ci chasse l'Autriche de l'Italie, le Roi de Piémont annexe les Romagnes.

L'année d'après, quand l'armée pontificale a été formée et mise à même de résister à une attaque de guérillas, par l'habileté et le dévouement de l'illustre général dont le nom est désormais impérissable dans les annales de la France, et de l'Eglise, les légions piémontaises marchant traîtreusement contre elle, la massacrent dans un odieux guet-à-pens sur ces immortels champs de Castelfidardo.

Heureuse défaite ! plus précieuse qu'un triomphe, puisque vainqueurs, ces fils des croisés eussent été des héros, et que vaincus, ils sont des héros et des martyrs !

Après le massacre, le vol : les Marches et l'Ombrie sont annexées comme l'ont été les Romagnes. Voilà donc le Piémont de deux pas plus près du Vatican et de ses jardins.

Durant ce temps que fait notre armée d'occupation sur le territoire pontifical, qu'elle a mission de défendre ?

Le Piémont, après l'avoir inondé de sang, s'y installe paisible possesseur. Son canon gronde aux oreilles de notre armée, ruinant pendant huit jours les remparts de la ville d'Ancône et foudroyant le petit nombre de zouaves qui la défendent. Son gouverneur, les yeux fixés sur une dépêche d'un ministre français attestant expressément [1] : « Que l'Empereur ne tolèrera pas la coupable agression du gouvernement Sarde », retrempe son courage et celui de ses héros dans l'attente d'un prompt secours ? Et notre armée n'y vole pas ?

Quoi ? Jadis nos pères franchissant les cimes neigeuses des plus hauts monts, firent cinq cents lieues pour châtier d'anciens envahisseurs. Et elle, à deux pas, dans l'attente, ce semble, de l'ennemi durant onze ans, elle ne bouge ? Que fait-elle donc à Rome ? Si le général de Goyon n'a point d'ordre, M. le duc de Grammont ne télégraphie rien ? et s'il le fait, pas de réponse ?

Qu'il est triste de le dire ! oui, elle garde et elle veille sur le Vatican et ses jardins. Pour cela seul, elle est sentinelle vigilante ; pour tout le reste elle est impassible spectatrice.

Elle l'est comme elle l'a été en présence d'une agression d'une autre espèce.

Les conventions sont choses sacrées, obligent les sujets. Les traités sont aussi sacrés et obligent les Rois. Vingt fois le sang a coulé pour la réparation d'un traité violé, et vingt fois pour ce motif l'on a fait la guerre. Or, un traité a été conclu entre la France, le Piémont et l'Autriche. Le Piémont le viole, l'Autriche ne fait pas la guerre par crainte de la France. Mais la France demande-t-elle la restitution des

---

[1] Dépêche de M. Thouvenel à M. le duc de Grammont. Paris, 18 octobre 1860.

droits lésés et la réparation de l'honneur blessé au violateur, le Roi de Sardaigne ? Non, elle se contente de désapprouver sa conduite en rappelant de Turin l'ambassadeur français, qui au bout de quelques jours retourne à son poste, sans que le Piémont perde les bonnes grâces de la France.

En outre, à l'époque de la guerre d'Italie, l'Empereur fait trois déclarations solennelles : une au clergé français par laquelle il certifie « que le Chef Suprême de l'Eglise sera respecté dans tous ses droits de souverain temporel [1]. » L'autre au peuple français affirmant « qu'il ne veut pas aller fomenter le désordre, ni ébranler le pouvoir du Saint-Père [2]. » La troisième notifie à toute la Péninsule Italienne « qu'il n'est pas venu avec un système préconçu pour déposséder les souverains [3]. » Le chef de la nation française fait cette triple déclaration, et la France souffre que le gouvernement Sarde y donne un outrageant démenti.

C'est ainsi qu'en fermant les yeux sur les empiétements du Piémont, la France s'est montrée d'une excessive indulgence et a favorisé les coupables agressions du gouvernement Sarde.

Dira-t-on, pour l'excuser, qu'elle a été trompée par le Piémont, et que celui-ci, en envahissant le territoire pontifical, a agi contre sa volonté formelle ? D'accord. Mais nous répondons que quand on a été une fois dupe, on ne l'est pas deux ; et que, lorsqu'on méprise vos ordres on les fait respecter à la première récidive au moins. Quand donc le

[1] Lettre de M. Rouland, 4 mai 1859.
[2] Proclamation au peuple français, 3 mai 1859.
[3] Proclamation aux Italiens, 8 juin.

Piémont eut pénétré dans les Romagnes, le devoir et l'honneur exigeaient que la France lui barrât le chemin aux limites des Marches et de l'Ombrie.

Dira-t-on aussi qu'en employant la force pour réprimer les tendances du Piémont, elle se brouillait avec un ami, en même temps qu'elle perdait un allié? Nous répondons qu'on n'est point tenu à conserver l'amitié après l'injure. Quant à perdre l'allié, l'on sait qu'un allié est une aide ; or, de quel secours nous aurait été l'Italie, durant ces dix années, si nous avions eu besoin d'une aide? l'Italie, il est vrai, pleine d'avenir, mais alors enfant encore au berceau ; l'Italie, qui ayant grandi et accru ses forces, signale sa puissance par deux éclatantes défaites; l'Italie enfin, belle et florissante unité qui se meurt épuisée de ressource!

Non, on ne découvre pas la raison de l'attitude impassible de la France qui tolère tout, quand elle peut et doit s'opposer à tout, et l'on regrette son excessive indulgence, dont les ennemis de la Papauté abusent pour tendre au but de leur convoitise qui est : le Vatican et ses jardins.

Aveugle qui ne le voit pas.

II.

Nous avons dit que la France n'empêchera pas l'ennemi de la Papauté d'atteindre son but ; ses actes positifs pendant les dix années écoulées de la Question Romaine le démontreront plus clairement.

L'on se souvient du congrès européen tenu à Paris en 1856. On a dit congrès, pour mieux dire, c'était un tribunal. Il y avait des juges, un plaignant et un accusé. Les juges, c'étaient les plénipotentiaires ; le plaignant, un ministre du Piémont ; l'accusé, le Pape.

Le ministre accusateur, après avoir exposé contre l'accusé des griefs, dont il prend sujet dans les défauts de son gouvernement, « cause, dit-il, de perturbation, foyer de « désordre, principe d'anarchie [1], etc., etc. », conclut à la nécessité d'une réforme, et finit en feignant de s'appitoyer sur le malheureux sort de ses sujets. Il accuse le Pape ; il accuse aussi les ducs et les princes.

Hypocrite Cavour, odieux calomniateur ! on le sait aujourd'hui, c'es bien moins la réforme de ces faibles agneaux que tu voulais, que leur laine ; c'est toi qui a jeté la première pierre à l'auguste Victime, et ourdi les premiers fils de cette trame inique. Mais ce coupable ministre a payé son crime ; la mort qui l'a subitement enlevé, l'a traduit aux pieds d'un tribunal qui juge plus équitablement les rois et les peuples.

[1] Memorandum de M. de Cavour, (27 mars 1856).

Un ministre du Piémont ne m'étonne pas : l'ambition aveuglait lui et son roi ; mais celui qui m'étonne, c'est le ministre français, qui, se faisant plus tard l'écho du premier, ose articuler les mêmes plaintes, formuler les mêmes griefs, et se porter l'accusateur du gouvernement pontifical, en lui demandant des réformes, dont on ne voit pas clairement le vrai motif ; car, si des réformes sont nécessaires, il est permis de l'en aviser, posé toutefois qu'il fût si aveugle pour ne les point voir ; mais nul n'a le droit de les lui imposer.

Et puis, pourquoi demander des réformes à celui qui les veut et qui cherche le moment favorable pour les réaliser, mais qui refuse constamment de rien faire sous la pression étrangère ?

Pourquoi demander des réformes à un souverain qui en a pris l'initiative par la main de son ministre assassiné sur les marches de son palais ? Pourquoi les lui demander, puisque, quand il les commence, on l'en empêche ? Pourquoi même cette insistance à les demander ? Est-ce le désir du bien, de l'ordre et du progrès des nations qui animent ceux qui les sollicitent ? Mais alors qu'ils les demandent à tous les gouvernements du monde, de l'Europe au moins. Y en a-t-il un qui soit sans défaut ? Les gouvernements comme les individus, participent à la fragilité de la nature humaine ? Lequel donc n'a pas besoin de réformes ? Qu'ils n'accusent donc pas le gouvernement pontifical sans accuser les autres.

D'ailleurs, pour le dire en passant, Pie IX, un jour, par un acte de touchante condescendence, ne souscrivit-il pas à ces réformes, posant la condition très juste qu'on lui garantirait l'intégrité de son territoire? On refusa. Or qui voulaient les réformes, du Pape ou de ceux qui les lui demandaient ?

Poursuivons cette nomenclature des faits.

La France se dit l'alliée et l'amie de l'Italie, et en cette qualité elle verse dans son sein des trésors d'argent, (un capital d'un milliard a été englouti dans ce gouffre par les soins de la France pour l'aider à se faire une).

Mais la France n'est-elle pas quelque peu l'amie du St-Siège ? Si ce n'était pas, nous ne comprendrions pas que son drapeau protecteur eût flotté dix-huit ans au Vatican.

Dans ce cas ne s'imposera-t-elle pas un léger sacrifice pour le secourir dans sa détresse financière ? Hélas ! non. Que disons-nous, chose incroyable, elle s'opposera à ce que des catholiques lui fassent l'aumône, ne permettant pas que le prêtre ou le fidèle dévoué recueille le produit de l'OEuvre du denier de Saint-Pierre publiquement organisé ; et, chose plus incroyable (le cœur vous saigne de le dire), en les violentant même comme de coupables malfaiteurs.

L'argent est un secours pour un gouvernement; mais l'armée aussi dans le danger. L'on sait que le Saint-Père avait formé la sienne, en faisant appel aux catholiques qui y avaient fidèlement répondu ; ses cadres étaient remplis de jeunes gens de toutes les nations catholiques.

On y voyait des Irlandais, des Polonais, des Allemands, des Espagnols et des Italiens, des Français aussi. Mais ceux-ci, avant leur départ, avaient comme hésité devant une interdiction qui les privait de leurs droits nationaux, s'ils tentaient de s'enrôler sous la bannière pontificale.

Ainsi ces généreux enfants de la France seront rejetés du

sein de leur mère, parce que, par une inspiration digne des premiers chrétiens, ils se seront dévoués à la plus belle des causes, sacrifiant les délices de la patrie, les joies de la famille, leur repos, leur sang et leur vie.

La France les traitera en parias parce qu'ils auront été défendre le Pape, le Pape gardien de leurs droits les plus sacrés, le chef de l'Eglise, dont la France est la fille aînée. Ils perdront leur titre de Français, parce qu'ils auront été les courageux imitateurs de leurs pères, qui, eux aussi, volèrent au secours du Pape en péril. On aurait cru le contraire.

Ces nobles cœurs devaient perdre leurs droits nationaux, quand, ailleurs, des mercenaires au service de l'Etranger, ne le perdent pas.

Nous avons dit, un instant, car cette menace n'eut pas de suite. Ces courageux jeunes gens, mettant au-dessus des droits nationaux les droits divins, le titre de chrétien avant celui de français, et estimant qu'il est difficile de perdre ce dernier, quand il est écrit dans le sang, bravèrent la menace et n'en furent pas moins à Rome se faire soldats du Pape. Le Chef de l'Etat ferma les yeux et n'insista pas. Il fit bien.

Lors même que le gouvernement pontifical eût manqué de volontaires, nous aurions été inquiets, mais toujours confiants, parce que tant que nous voyions le drapeau de la France flotter au haut du château Saint-Ange, nous nous disions : non, l'adversaire de la Papauté n'entrera jamais dans Rome, non, car l'idée de la présence simultanée à Rome de son défenseur et de son spoliateur nous révoltait. Aussi eussions-nous parié cent contre un que Garibaldi n'y mettrait pas le pied, tandis qu'un simple conscrit français y aurait le sien.

Tous disaient de même, quand tout à coup le bruit se répand que le gouvernement a dessein de retirer l'armée d'occupation. Hélas! ce bruit, vague au début, devient bientôt une nouvelle officielle, et enfin deux ans après, terme du retrait des dernières troupes, nous avons eu la douleur de voir débarquer sur nos ports le dernier soldat de l'armée qui les avait quittés il y a quinze ans, partant pour cette glorieuse expédition de Rome, accompagnée des sympathies et des vœux de toute la France.

Qu'on nous permette de le dire ici, nous n'avons pas compris l'opportunité du retrait de nos troupes. Si elles gardaient Rome, pourquoi leur ordonner de l'évacuer quand le danger est plus menaçant?

Quoi! lorsque l'ennemi déclaré de la Papauté a envahi les trois quarts de son territoire, et qu'il est là en face du dernier reste de sa proie, la réclamant hardiment, c'est le moment que la France choisit pour les retirer? Pendant dix-huit ans, elles ont été debout comme pour l'attendre; il arrive, et c'est à cette heure qu'elle les rappelle; avouez qu'elle est bien mal choisie.

Que dirait-on du pilote qui devant l'orage abandonnerait le gouvernail; du serviteur qui, voyant entrer le voleur dans la maison de son maître, fuirait?

O France! tu t'en vas? tu laisses le Pape à la merci de ses ennemis?... Tu t'en vas, quand il faudrait venir!... Puisse ce départ te porter bonheur?.....

L'armée française ne couvrant plus de la protection de ses bayonnettes le Pape abandonné, nous dirions que Rome

est livrée, si nous ne savions pas quelque chose de fort, de puissant et d'invincible comme elle : sa parole, qui vaut à elle seule une armée.

Si la parole de la France avait remplacé son armée !..., si, en quelque sorte, elle occupait Rome, nous serions encore rassurés, nous disant toujours : non, l'ennemi n'entrera pas dans Rome.

Mais cette garantie à peu de frais, nous ne l'aurons pas pas. La France n'est pas même à Rome par sa parole. L'ennemi rôde autour. Un inflexible véto l'eût déconcerté ; on ne l'a pas mis à ses agressions. Au besoin une menace sérieuse l'eût paralysé ; elle n'a pas été faite. Dans les grandes assemblées de l'Etat, on a demandé, insisté même pour qu'elle le fût. Le gouvernement a refusé obstinément ; menace pourtant juste et nécessaire.

La France n'est donc plus à Rome, ni par ses armes, ni par sa parole.

Eh bien ! n'importe, nous espérerions tout de même, oui, nous espérerions ; car si en 1849, la France revendiqua pour elle seule l'honneur traditionnel de défendre la Papauté, en faisant le siège de Rome, à son défaut, une autre nation catholique l'eût entrepris, et dans cette nouvelle crise du Saint-Siège, elle serait accourue pour le protéger ; mais le principe de non intervention absurde et immoral, inventé pour le besoin d'une mauvaise cause, avait été suspendu comme une épée de Damoclès sur la tête de quiconque eût osé mettre le pied sur le sol italien.

Ainsi donc, du côté de la France, hélas ! plus d'espoir.

Mon Dieu ! on en voit bien encore au loin une faible lueur vacillante. Qui sait ? la légion..... cette légion d'Antibes, c'est la France, c'est du moins son ombre qui s'étend là-bas, se prolonge jusqu'à Rome comme un dernier reste de sa protection et peut-être un remords d'avoir abandonné celui qu'elle devait garder.....

Qui sait ?.....

Vain espoir. En écrivant ces lignes nous apprenons « que le gouvernement de l'Empereur va rappeler la légion d'Antibes et dégager toute sa responsabilité de cette affaire [1]. »

Et si la révision de la convention du 15 septembre était opérée d'après le bruit qui court, ce serait le cas de dire que la France n'est plus à Rome, ni par sa plume, ni par sa parole, ni par ses armes, et qu'elle n'empêchera donc pas l'ennemi de la Papauté d'y entrer. Cette conclusion ressort de tout ce que nous venons d'exposer :

D'un côté, ce silence approbateur de la France, après des paroles données et indignement violées, cette inaltérable impassibilité devant le sang injustement et sacrilègement répandu, et ce laisser-faire constant qui permet à l'ennemi de la Papauté d'avancer peu à peu, comme à petit bruit et de loin en loin, mais infailliblement vers le but de ses insatiables convoitises, devant lequel actuellement il se trouve ;

De l'autre, sa main opposante, s'élevant contre ceux qui tentent de porter un secours quelconque à la Papauté. Oui, la France tolèrera tout. L'ennemi de la Papauté poursuivra

---

[1] Correspondance catholique, M. Clairbois.

le but vers lequel il tend par un plan manifeste, concerté il y a dix ans, publié il y en a sept, et achevé aujourd'hui.

Qu'on le nie, et nous dirons ce que c'est qu'un plan. Un plan est une disposition de choses pour arriver à une fin. En trois mots, c'est : ordre, facilité et but.

Il y a deux plans : le plan écrit et le plan d'exécution.

Le plan écrit, vous l'avez chez M. de la Guéronnière, dans la brochure : *le Pape et le Congrès*.

L'ordre y est :

Ce développement successif des idées : les Romagnes qui doivent rester à l'envahisseur par l'autorité du fait accompli » ; puis, tout le territoire pontifical, « qui ayant été concédé par l'Europe, en 1815, au Pape, peut lui être enlevé aujourd'hui » ; territoire, « embarras au salut des âmes », « chose non indivisible »... « dont le souverain sera grand à proportion que ce territoire sera petit ».

Ensuite « la milice italienne » non les zouaves « les subsides des gouvernements de l'Europe », non le denier du Saint-Père. Enfin « liberté municipale aussi large que possible », pouvoir du Pape nul, une statue muette et sourde.

La facilité :

Les idées qui s'enchaînent et se développent progressivement sous les couleurs d'un catholique sincère, nous font croire que tout cela va de soi, et vous persuadent presque qu'il prépare au Pape un mirifique avenir.

Le but :

On le connaît : le Vatican et ses jardins, « sorte de pa-

paradis de délices » où le Pape, à vrai dire, sera prisonnier.

Le plan d'exécution, c'est le même : en voyant l'un, vous voyez l'autre. Le second est calqué sur le premier, c'est comme une pièce de monnaie portant aux deux faces la même effigie. Il y a aussi ordre, facilité et but.

L'ordre, c'est la marche du Piémont : *lente*, prenant son temps pour faire les coups qu'il a sourdement préparés ; *progressive*, allant par étapes des Romagnes dans les Légations, puis dans les Marches, l'Ombrie et jusqu'aux portes de Rome ; *hypocrite*, prétendant justifier ses spoliations méthodiques par les grands mots sonores et trompeurs d'aspiration des peuples, volonté nationale, autorité du fait accompli, civilisation, liberté, science, progrès, etc. ; *habile*, quand la Révolution en Italie est satisfaite par une concession, les conservateurs en France le sont aussi par une moindre ; quand le mouvement de la marche en avant est trop sensible et trop remarqué, ou explication dans une dépêche ministérielle, ou rappel d'un ambassadeur ; marche *sûre* jamais un pas en arrière, toujours un de plus en avant, et si un caillou la retarde, ou on l'évite, ou on l'enlève, ou on le brise.

L'ennemi n'a qu'à resserrer le cordon de ses baïonnettes et le voilà au but, montant la garde au Vatican et ses jardins.

Ces deux plans donc sont les mêmes. Je n'y vois qu'une seule différence, c'est que l'un est sur papier et l'autre sur terre ; que l'un s'exécute avec la plume, l'autre avec l'épée. Quant au reste, ça n'est qu'un.

Deux mots le résument : le Pape trahi, Rome livrée.

Vous êtes un accusateur, nous dira-t-on, et peut-être un calomniateur.

Oui, répondrons-nous, nous sommes un accusateur. Si l'on ne veut pas que nous le soyions, qu'on enlève de devant nos yeux ce spectre qui nous a poursuivi jusqu'à ce moment. Que l'on brûle la brochure le *Pape et le Congrès*, ou tout au moins qu'on en rature le Vatican et ses jardins, ou qu'on renie l'homme qui l'a écrite.

Tant qu'on ne l'aura pas fait, nous serons un accusateur, mais non un calomniateur. Loin de là, le gouvernement l'a honoré ; l'auteur est aujourd'ui sénateur.

C'esi ainsi que nous concluons que du côté de la France, il n'y a plus rien à attendre pour Rome.

Aussi tel que le voyageur qui, voyant la timide brebis et entendant les longs rugissements du lion affamé venant en bondissant du fond du désert, tremblerait pour elle, s'il ne voyait à ses côtés un habile tueur de lions ; ainsi tremblons-nous pour le doux et innocent Pontife, maintenant qu'il n'y a plus à ses côtés le soldat français.

Mais l'Italie ?... l'Italie ? nous crie-t-on aux oreilles depuis longtemps, semble-t-il, ne remplace-t-elle pas la France ? Non, l'Italie ne remplace pas la France. Comme elle, elle laissera tout faire, si son bras ne fait tout.

C'est pourquoi nous disons que la Question Romaine touche à son terme ; qu'on veuille bien nous suivre pour en être plus convaincu.

ITALIE

La France n'est plus à Rome, puisqu'on ne saurait désormais compter sur elle.

Dès lors, seule en cause, l'Italie tiendra-t-elle ses promesses? S'opposera-t-elle à ce qu'on aille à Rome? N'ira-t-elle pas? C'est ce que le monde entier, qui a les yeux fixés sur elle, se demande avec inquiétude. Nous répondons qu'elle n'empêchera pas l'ennemi de la Papauté d'aller à Rome, et, qu'à son défaut, elle ira.

I.

Nous disons en premier lieu que l'Italie ne mettra pas d'obstacle à la marche sur Rome de l'ennemi déclaré de la Papauté. Cet ennemi est connu, c'est le héros révolutionnaire Garibaldi, qui réclame Rome comme un affamé le pain, ou un mourant la vie, et travaille de toutes ses puissances pour y arriver. Or nous affirmons que l'Italie ne l'en détournera pas. La raison en est que s'il existe un plan dont le but soit la cité léonine, le Piémont en est l'auteur ; M. de Cavour le dirait s'il vivait encore, et c'est le Piémont qui l'a fait goûter malheureusement à la France et l'y a impliquée.

Ici on nous en demandera la preuve. Nous sommes en mesure d'en fournir plusieurs. Pour être bref nous n'en donnerons qu'une, qui est décisive.

C'était en 1861, le 11 septembre, après l'invasion des Romagnes, huit jours avant le siège d'Ancône. L'armée Piémontaise, forte de quarante-cinq mille hommes, avait pénétré dans les Marches et l'Ombrie et commencé les hostilités à Pesaro. Le Gouverneur comte de Quatrebarbes, prévoyant l'attaque d'Ancône, préparait la défense, lorsqu'il reçoit une dépêche des mains de M. de Courcy, consul français à Ancône, qui la tient de M. le duc de Grammont, ambassadeur à Rome, et celui-ci de MM. Billaut et Touvenel.

En voici le texte :

« L'Empereur a écrit de Marseille au roi de Sardaigne
« que si les troupes piémontaises pénètrent dans le terri-
« toire pontifical, il sera forcé de s'y opposer. Les ordres
« sont donnés pour embarquer des troupes à Toulon, et
« ces renforts doivent arriver sans retard. Le gouverne-
« ment de l'Empereur ne tolèrera pas la coupable agression
« du gouvernement Sarde. Comme vice-consul de France,
« vous devez régler votre conduite en conséquence.

« Signé : duc de GRAMMONT. »

Cette dépêche du gouvernement français doubla le courage du Gouverneur ; car, pour lui, elle valait autant qu'une armée. Aussi expédie-t-il à l'instant un courrier aux généraux Fanti et Cialdini pour la leur montrer, assuré de les voir reculer devant une déclaration si formelle.

Le courrier remet la dépêche aux mains du général Cialdini, dont voici la réponse :

« C'est très bien, nous allons vous donner un reçu qui
« sera bon à joindre aux autres pièces diplomatiques. »

Le porteur de la dépêche voyant qu'il n'a pas produit l'impression qu'il en attendait, insiste et demande au général piémontais qu'il veuille cesser le feu au nom de la France.

Voici la seconde réponse du général Cialdini.

« De grâce, Monsieur, n'insistez pas, nous savons à quoi
« nous en tenir, nous avons vu il y a quinze jours l'Em-
« pereur à Chambéry [1]. »

Ces paroles ne sont peut-être pas assez claires, mais celles-ci en seront le commentaire. Le même général parlant au comte de Bourbon Chalus et aux prisonniers de Castelfidardo.

« Comment, Messieurs, dit-il, avez-vous pu croire un
« instant que nous aurions envahi les Etats-Pontificaux
« sans l'assentiment complet du Gouvernement Fran-
« çais ? »

[1] Souvenir d'Ancône. Comte de Quatrebarbes.

Puis, montrant le télégraphe :

« Regardez ces fils ; ils suffiraient, s'ils parlaient, pour
« arrêter notre marche [1]. »

Le général Cialdini avait envahi le territoire Pontifical et battu l'armée de Lamoricière, mais en vertu d'une parole expresse.

Je laisse parler M. de Becdelièvre :

« ..... Le soir de la bataille de Castelfidardo, le général
« Cugia, à côté duquel j'étais placé à la table du général
« Leotardi, m'entretenant des évènements, me fit cette
« réponse :

« Nous sommes révolutionnaires ; dès lors les choses
« qui vous surprennent, nous paraissent toutes naturelles.

« Nous respecterons la personne du Pape, mais nous
« devons répondre aux vœux des Italiens qui nous appel-
« lent, en allant à eux. Et voyez plutôt, vous êtes sifflés
« partout, et nous sommes applaudis. »

— « Oui, lui répondis-je, vous payez les sifflets et la
« claque, et vous êtes bien servis. Mais ne craignez-vous
« pas l'intervention de la France ?

« N'avez-vous pas lu la dépêche du duc de Gram-
« mont ? »

« A ces mots, le général éclata de rire et me dit :

« Nous en savons là-dessus plus long que votre duc.
« Vendredi dernier, notre général en chef Cialdini déjeu-

---

[1] Souvenirs de l'armée pontificale, p. 83. Comte de Becdelièvre.

« nait à Chambéry, où, après avoir demandé des conseils
« sur ce qu'il avait à faire, il lui fut répondu : *Entrez et*
« *foites vite !*..... Vous le voyez, nous allons vite. »

« En rentrant à Rome, je fis un rapport de cette con-
« versation qui donna lieu à des pourparlers diplomati-
« ques, et entra ainsi dans le domaine de la publicité. »

Ces réponses et ces paroles étaient accusatrices et com-
promettantes, aussi le ministre français des affaires étran-
gères écrivit-il aux agents diplomatiques une lettre dans
laquelle il tâche d'excuser le gouvernement piémontais,
disant que si celui-ci était entré dans les Marches et l'Ombrie et n'avait point tenu compte de la dépêche, c'est que
le moment pressait, qu'il fallait empêcher Garibaldi d'entrer dans les Etats-Pontificaux et livrer une bataille à la
Révolution sur le territoire napolitain.

Si la raison est bonne, nous demanderons pourquoi
annexer les Marches et l'Ombrie après y être entré ? Ensuite
pourquoi livrer bataille à l'armée pontificale et non à la
Révolution ; et enfin à Castelfidardo et non sur le territoire
napolitain ?

Que l'on juge des réponses du général Cialdini, des ex-
cuses de M. Touvenel, et que l'on décide s'il n'y a pas en-
tente entre la France et le Piémont pour les affaires de
l'Italie, quand surtout l'on voit pendant dix ans courriers
sur courriers allant, venant, tantôt de Turin à Paris et de
Paris à Turin, puis de Florence à Paris et de Paris à Florence, des généraux, des ministres, un prince : ainsi Cavour à Pombières, Pepoli à Paris, etc., etc.

Or si la France permet à l'Italie de tout faire, pense-t-on, que l'Italie défende à Garibaldi de ne plus rien entreprendre, quand on sait que son intérêt est de tout tolérer, l'œuvre de l'unité étant tout à son bénéfice?

Non, l'Italie n'empêchera pas Garibaldi d'aller à Rome.

Nous disons de plus que dans le cas où celui-ci ne le pourrait, elle-même n'hésitera pas à s'y transporter.

Ici nous n'avons qu'à rapporter ses paroles ; nous verrons après ses actes.

II.

Chose étrange ! Voilà le peuple italien que des liens plus nombreux que les autres peuples catholiques rattachent au Pape, liens d'origine, de langage, de tempéramment et d'élection du Pontife romain, qui ne peut-être qu'un italien par une loi transitoire d'ordre temporel très-sage ; il devait, ce semble, pour ces raisons familiales, entourer le Pape de ses plus précieux hommages d'estime, de vénération et d'amour. Et bien, non, il l'outrage...

Je ne parle pas de l'insigne blasphémateur de Capréra dont les propos sataniques soulèvent moins l'indignation que le profond dégoût de toute âme honnête, mais d'autres hommes dont la plume écrit dans des feuilles publiques les injures les plus graves contre le Pape, contre tous ceux qui l'approchent et tout ce qui le touche : injures à la personne du vénérable Pontife, injures au Sacré-Collège, dont le premier membre à Albano vient de donner au monde un si remarquable exemple de dévouement ; injure à l'Episcopat, aux prêtres, aux catholiques et à la religion.

Il n'est personne qui les ignore, mais il faut les lire pour avoir une idée de la rare distinction de langage de leurs auteurs. Peut-être parmi eux reconnaîtra-t-on des héritiers du Tasse et du Dante.

La solennelle et imposante manifestation de foi du Centenaire, savez-vous comment un de ces auteurs la qualifie : « Un Carnaval ! *Carnavaletto catholico.* [1] »

Un autre l'apprécie en ces termes : « Du centenaire, dit-
« elle, d'ici à une semaine personne n'en parlera plus, et
« peut-être ne s'en souviendra pas même. Il n'en restera
« rien autre que trois millions et demi d'écus qu'aura pro-
« duit au Saint-Père le pèlerinage *ad limina* et qui seront
« distribués aux églises, aux couvents des frères et des
« moines. Les habitants de Rome, du moins les marchands
« de chapelets et de statues des saints, auront fait une
« bonne bourse [2]. »

L'adresse des Evêques :

« C'est une flatterie qu'à toute autre époque les Cardi-
« naux et les Prélats catholiques eussent déchiré à la face
« de celui qui eût osé la leur présenter à signer [3]. »

---

[1] *Il Pungolo,* 7 juillet 1867.
[2] *La Nazione,* 18 juillet.
[3] *Il Pungolo,* 7 juillet.

Le Saint-Père :

« Cette tête du catholicisme se meut dans un milieu et
« un engrenage vieux, rouillé, impuissant, qui ne peut
« plus fonctionner d'aucune manière. Les journaux écri-
« vent que les Romains sont fous d'enthousiasme sur le
« passage du Saint-Père et qu'ils l'applaudissent. C'est
« faux ; à cette fête les étrangers seuls y assistent, le vrai
« peuple romain n'y est pas [1]. »

Les Cardinaux, les Prélats :

« L'an 133 de Rome vit encore dans cette capitale, ses
« membres ne fournissent plus de recrues à Tibère, à Né-
« ron, mais donnent des Cardinaux au Sacré-Collège, et
« les Eques [2] survivent sous le nom de *Monsignori* [3].

Tout ce qui a un caractère sacré est ainsi vilipendé par des hommes qui, loin de respecter les autres, ne se respectent pas eux-mêmes.

Les tirades ci-après sont d'une plus exquise saveur. En bafouant la France, Rome, l'Eglise et la convention du 15 septembre, elles révèlent les intentions.

Rome :

« Voudrions-nous nous endormir? mais ne faut-il pas

---

[1] *Roma nuova*, 3 juillet.
[2] Peuple du Latium, ennemi redoutable des Romains.
[3] *Roma nuova*, 7 juillet.

« que notre nationalité s'active ? nous serions faibles et lan-
« guissants ? O Dieu ! non. Deux choses principales nous
« manquent, la prospérité publique et la possession de
« notre capitale. Nous devons chercher résolument l'un
« et l'autre. Ceux qui veulent que maintenant nous ne
« parlions pas d'unité, mais seulement de finance, préten-
« dent renouveler le miracle de ce saint qui marcha après
« avoir été décapité. Rome est la tête de la nation, Rome
« doit lui appartenir [1]. »

Convention du 15 septembre :

« Il peut se faire que la France ait voulu par sa fameuse
« convention du 15 septembre obliger l'Italie à renoncer à
« sa capitale. Les traitres de ministres qui ont consenti et
« le Parlement qui l'a confirmée sont tombés dans un piège.
« Mais si les corps constitués de l'Etat ont accepté la
« fausse-monnaie pour une bonne, le peuple italien n'a
« point accepté ses chaînes et renoncé à ses aspirations et
« à ses droits.

« Et ses droits doivent être exercés non avec les armes,
« se jetant furieux sur les confins qui les séparent de ses
« frères, mais avec le puissant cri de la voix publique, par
« les comices, les estampes, afin qu'à Rome et au-delà des
« Alpes on sache que si les ministres se sont courbés
« tremblants devant le monarque de Paris et ont craint les
« malédictions papales, le peuple italien n'a point renié

[1] Le comte Cavour, 24 juillet.
[1] Le même.

« ses vœux et n'est point disposé à céder ses droits à qui
« que ce soit, ni à changer une syllabe de ses décrets. »

Eglise :

« Rompez ces liens, élargissez son horizon, c'est l'uni-
« que voie qui mène à Rome. Voulons-nous y entrer ?
« Donnez la liberté aux prêtres. Non, dit l'Italia, nous
« sommes d'accord avec Massari [1] pour la fin, mais non
« pour les moyens ; Massari veut aller à Rome en concé-
« dant à l'Eglise Romaine les faveurs et les privilèges au
« détriment de toutes les autres croyances et de la liberté
« de conscience, mais qui pourra, le cas échéant, tuer la
« même liberté ?

« Si l'Eglise catholique, qui a besoin de vous, se déclare
« votre ennemie, vous attaque, vous traverse, vous com-
« bat, fausse les intentions, empêche l'obtention des fins
« du Gouvernement, elle qui a la direction de l'œuvre de la
« société moderne, voulez-vous que cette même église
« soustraite entièrement au contrôle de l'Etat, rendue mê-
« me libre et riche, vous aime, vous caresse, vous aide,
« vous ouvre de ses mains les portes de Rome ? Mais
« l'Eglise catholique a quelque chose d'abstrait, ou bien
« elle s'individualise dans le Pape, les Cardinaux et les
« Evêques, resserrés entre eux par les plus aveugles liens
« d'une servitude hiérarchique ?

« Mais comment fait M. Massari pour transformer ces
« Messieurs, le Pape, les Cardinaux et les Evêques d'en-

---

[1] Massari, député au Parlement italien.

« nemis et de persécuteurs de la libre conscience et des pro-
« grès indéfinis de l'humanité en amis et fauteurs de la socié-
« té moderne, qui marche, marche sans cesse, et ne s'arrête-
« ra jamais, et qui méprise cette doctrine de l'immobilité
« fondement du présent catholicisme, qui brise l'indéfinie
« puissance progressive de l'esprit humain, qui asservit
« la raison, qui interdit la discussion, qui défend l'examen,
« qui proclame l'obéissance aveugle, qui même traîne Dieu
« et la Providence dans les misères et les bassesses de la
« vie du monde?

« Mon Dieu! et c'est cette église qui proclame comme
« règle de croyance religieuse, civile, morale et scientifique
« le *Syllabus*, de laquelle l'Italie doit attendre sa suprême
« et finale restauration? Ce sera ainsi la Papauté, le Sacré-
« Collège, l'Episcopat et le Clergé qui devront nous ouvrir
« les portes de Rome.

« Ah! bien sûr, toutes les voies ne conduisent pas à Ro-
« me, et celle qui s'en éloigne le plus est la vôtre, M. Mas-
« sari. Et si vous voulez venir à Rome, sachez qu'il faut
« retirer cette parole de « l'Eglise libre. » Laissez-là de
« côté, pour la reprendre avec nous le jour que l'intraita-
« ble louve aura, sous la pression morale de la société,
« dépouillé sa fière nature, et que l'Eglise aura été réfor-
« mée en harmonie avec nos temps.

« C'est quand nous aurons été à Rome, que nous pour-
« rons nous écrier en chœur : maintenant l'Eglise ne peut
« plus offenser la liberté, qu'elle l'ait, si elle veut. Après,
« oui ; avant, non [1].

[1] *L'Italia,* 16 juillet.

C'est de la lumière, je pense, sur les injustes prétentions de l'Italie. On a là un modèle de démence, en voici le paroxysme dans une dernière citation, où l'on trouve le plan tout tracé qui doit livrer Rome.

L'article est intitulé : *La via di andare à Roma.*

« L'an cent trente-trois avant l'ère chrétienne, un des
« Gracques le plus vertueux, montant un jour à la tri-
« bune, harangua les riches et tout le peuple Romain réuni
« au Forum.

« Cédez, dit-il, une partie de vos richesses, si vous ne
« voulez qu'un jour elles vous soient toutes enlevées. Les
« bêtes féroces ont leurs tannières, et ceux qui ont versé
« leur sang pour l'Italie, ne pourront pas posséder l'air
« qu'ils respirent ? Sans foyer et sans toit, ils errent à
« l'aventure avec leurs femmes et leurs enfants.

« Les généraux les trompent quand il les engagent à
« combattre pour le triomphe des dieux et pour les tombes
« de leurs pères. Parmi tant de Romains, y en a-t-il un
« seul qui ait une tombe et un autel domestique ?

« Nous ne combattons, nous ne nous mettons en mou-
« vement que pour entretenir le luxe et l'opulence des
« privilégiés. On vous appelle les maîtres du monde, et
« vous, pauvres parias, vous n'avez pas même un pouce
« de terre en propriété.

« Quand Tibérius Gracchus parlait ainsi, il annonçait la
« fin prochaine de la République, et de la guerre civile cau-
« sée par la tyrannie des grands ; et déjà l'on pouvait voir
« poindre à l'horizon l'ère des César, des Caligula et des
« Héliogabale.

« Mais, en ce temps, Tibérius Gracchus était prophète,
« il jetait la grande parole qui sera le *labarum* des futurs
« vengeurs.

« Là où le peuple meurt de faim, il n'y a sécurité pour
« le riche que dans l'abrutissement et l'extermination du
« pauvre.

« De l'an cent trente-trois avant le Christ à l'an dix huit
« cent soixante-sept après le Christ, il n'y a rien de changé
« à Rome dans la condition du peuple. Tout autour de
« Rome, le gouvernement ecclésiastique, pire gouverne-
« ment des grands et des riches, a accompli la ruine de la
« campagne romaine. Là où était la vie, il a fait le désert.
« La Rome papale est environnée de la mort.

« Pourquoi ? Parce que l'aristocratie de l'an cent trente-
« trois avant le Christ vit encore à Rome.

« Le brigandage a envahi la campagne romaine, et tout
« ce qui reste au Saint-Père appartient bien plus aux bri-
« gands qu'à lui.

« La police règne partout ; et tandis qu'elle demande le
« passe-port aux honnêtes gens, elle laisse circuler les vo-
« leurs et les assassins.

« Le gouvernement pontifical est bien résolu d'empê-
« cher l'entrée des journaux italiens, et laisse le pauvre
« peuple se débattre dans la peur des brigands et des gen-
« darmes, dans la faim et la misère.

« Sachez-le, il y a des tannières dans la campagne ro-
« maine où n'oseraient entrer des bêtes féroces et qu'habi-
« tent pourtant des créatures humaines.

« Le gouvernement n'a souci ni des brigands, ni de la
« misère ; mais le prêtre tient un livre noir de tous ceux

« qui ne vont point à la messe... Et les prêtres appellent
« cela faire progresser la religion du Christ et la morale.

« Vous, nos frères italiens, vous vous imaginez avoir
« émancipé l'Italie. Non : vous avez chassé l'étranger, mais
« le peuple demeure toujours esclave et abruti.

« Rome, vous l'aurez un jour, mais prenez garde ; avec
« Rome vous aurez une seconde Italie méridionale qui vous
« créera de graves embarras, si vous ne vous décidez à
« faire quelque chose en faveur du peuple.

« Le pressentiment de la fin prochaine du gouvernement
« temporel est dans tous les cœurs. Amis et ennemis s'y
« préparent. Mais après la fin du gouvernement ecclésias-
« tique, on sait que ceux qui sont destinés à le remplacer
« feront mieux que lui.

« Je dis que le sentiment de la fin de cette orgie sacer-
« dotale est dans le cœur de tous. Aussi j'ajoute qu'il faut
« la hâter.

« Tous nous devons nous mettre à l'œuvre :

« Attaquer le gouvernement papal dans Rome est inutile
« et dangereux ; parce que le peuple des monts du Trans-
« tevère n'est pas armé.

« De plus, l'évènement de 1849 a rendu ces patriotes
« méfiants.

« Il faut qu'un mouvement extérieur précède le mouve-
« ment intérieur de la ville. Il est facile d'affamer Rome et
« de contraindre les troupes à la quitter traînant avec elles
« le Pape à Civita-Vecchia.

« Pour préparer et favoriser cette entreprise, plusieurs
« habitants ont pensé de former un comité d'opérations ;
« ce comité est déjà en voie de formation et pourra vous

« transmettre textuellement une proclamation émanée de
« lui. Ce comité aidera puissamment au moment déci-
« sif le mouvement externe.

« Pour rendre l'insurrection triomphante à Rome, il
« n'est besoin que d'un millier d'hommes divisés en trois
« corps.

« Le plus fort sur la rive droite du Tibre qui se joindra
« immédiatement aux Monts, coupant le chemin de fer de
« Rome à Naples.

« Les deux corps plus faibles sur la rive gauche : l'un
« pour couper la ligne de Civita-Vecchia, l'autre celle de
« Rome à Florence par Foligno et Pérouse.

« Bien entendu qu'en même temps on coupera aussi les
« fils télégraphiques.

« Le gouvernement est ainsi convaincu de ne pouvoir
« résister et que le premier coup de fusil sera le signal de
« la fuite du Pape.

« Nos amis se joindront à nous par la côte. La côte est
« longue de Terracine à Nunziatella, et celle-ci, quoique sur
« le territoire italien, touche presque au nord l'extrémité
« de la ligne de côte qui est encore de l'Etat Romain. Elle
« offre plusieurs excellents bords pour un débarquement.

« De cette sorte la Convention du 15 septembre sera
« respectée, et on ne fournira aucun prétexte pour refaire
« un nouvel Aspromonte.

« Assurément toute la question importante est dans
« l'argent. Mais l'Italie, qui a laissé dévorer tant de mil-
« lions, n'aura pas une obole pour délivrer Rome ?

« Le nom de Garibaldi est le seul qui soit dans l'esprit
« de notre peuple, et il suffira de dire : Garibaldi arrive,

« pour finir le coup. L'Italie a fait don de deux bateaux à
« vapeur pour aller à Marsala, elle n'en donnera pas un
« pour aller à Palo ?

« Si les Romains avaient eu l'assurance que vous vien-
« driez à notre aide, depuis longtemps les cloches des cent
« églises de Rome auraient sonné l'agonie papale [1]. »

Voilà les hommes qui veulent aller à Rome, pour y établir définitivement le règne du progrès, de la civilisation et
de l'universelle fraternité ; voilà une vue sur l'ère nouvelle
qui serait inaugurée par ces prétendus amis du peuple !

Mais, direz-vous : ce sont des journaux ; il est vrai, et
nous n'en fairions aucun cas, si ce n'était que quelques-uns
d'entre eux qui tinssent ces propos avilissants, mais c'est
la plupart de ceux qui se publient dans les villes de l'Italie.

J'en ai cité quatre, j'aurai pu en citer vingt autres, ainsi
la *Gazetta di Torino*, l'*Unita Italiana*, etc. etc., tous aussi
modérés et explicites ; officieux et officiels.

Observez encore que ce n'est pas une fois qu'ils publient
de tels articles, mais journellement, au su et au vu du gouvernement, qui ne leur inflige aucune parole de blâme et
les encourage donc par son coupable silence.

Or contre qui ces folles et insultantes déclamations ? contre le Pape, chef de l'Eglise, cette merveilleuse société que
ne limitent ni l'espace, ni le temps, douée d'une force d'ex-
pansion que nulle puissance humaine ne peut comprimer,

---

[1] *La Roma nova*, 8 juillet, *(Journal de Naples)*.

et enrichie par son divin Fondateur d'un trésor inépuisable de charité qu'elle déverse incessamment et si généreusement sur le monde. Contre qui ? Contre le Pontife auguste en qui tous les catholiques de l'univers voient dans le sentiment d'une profonde vénération la représentation vivante du Christ, le dépositaire incorruptible de la vérité, bien suprême de la vie, le Père de deux cents millions d'âmes unies par lui dans la même foi, la même doctrine, la même soumission et le même amour; père dévoué, si bon et si doux, si ferme devant l'obstacle et si grand dans l'adversité, généreux, c'est peu dire, magnifique dans le pardon, et libéral dans le gouvernement de son peuple, par trop, hélas ! on ne l'ignore pas.

C'est contre ce vieillard vénérable et ses cheveux blancs, qui seuls d'ordinaire imposent le respect, cette resplendissante figure de nos temps, qui brille parmi les plus éclatantes du passé et que peut-être aucune de l'avenir n'éclipsera, dont toutes les voix amies et ennemies publient à l'envi, et partout, les mérites ; c'est contre elle, ô Dieu ! que ces cyniques feuilles ont l'insigne et téméraire audace de lancer d'abominables blasphèmes, qu'une simple honnêteté ne dirait point, qu'on me pardonne le mot, contre le dernier manant de la rue. Des patriotes italiens qui noircissent la plus haute, la plus pure et la plus indéfectible personnification du patriotisme italien !...

Contre qui ? On ne le croirait pas : contre un souverain ! Le Pape est roi au même titre qu'un autre : il est roi, ou il n'y a pas de roi.

Or, nous le demandons, en vertu de la position du gouvernement italien vis-à-vis de n'importe quel souverain du monde, ne doit-il pas, par déférence, veiller à ce que ses sujets aient envers le Pape les égards qu'une vulgaire décence commande? Rien de plus, rien de moins que pour les princes de la terre. Et s'il ne le fait pas, n'est-il pas responsable?

Pourquoi donc le gouvernement italien permet-il que sans cesse, partout et en plein soleil, on ravale le digne Pontife, lui, son Etat et son Eglise? Pourquoi? nous le demandons. N'y a-t-il pas là-dessous une arrière pensée? Nous comprenons qu'avant les premiers envahissements du Piémont, on discréditât, libre de tout engagement, le Pontife Romain, son gouvernement et l'Eglise ; par là on préparait sa chute, pour ainsi dire dans la réalité, l'ayant déjà opérée dans les esprits et dans les cœurs.

Mais après une convention où on lit ces paroles expresses : « L'Italie s'engage à empêcher, même par la force, toute attaque du territoire Pontifical venant de l'extérieur » (formule de traité équivalente à celle d'un quasi protectorat), à quelle fin sa tolérance sans exemple à l'égard d'impudents détracteurs?

Qu'on nous l'explique. Nous ne comprenons pas, ou plutôt, nous comprenons une chose, sa complicité. Sous leur masque, en rabaissant la dignité du Pape, il diminue son autorité, entame son pouvoir et finit par faire tomber son gouvernement temporel ; imitant M. de Cavour qui défigurait le Pape pour mieux lui arracher son sceptre.

Nous ne voyons que cela et l'on n'y verra jamais autre chose. La délation, dans la bouche de l'Italie, est donc une route pour arriver à Rome.

Mais le Pape n'en a pas seul le bénéfice et l'honneur, la France et l'Empereur en ont leur part, quoique légère relativement ; car ces insulteurs si osés devant la faiblesse désarmée, sont lâches en face de la résistance. Leur audace néanmoins brave cette grande nation et son chef ; c'est à la connaissance de tous. Nous-même, nous avons été le témoin de ces outrages sous forme de déshonorantes caricatures, et même un jour ayant eu l'occasion d'en exprimer notre étonnement, un fils de l'ingrate Italie n'eût-il pas le triste courage de nous répondre froidement : « Monsieur quel mal y a-t-il ? » comme si une caricature était une jolie photographie, ou un beau compliment.

D'ailleurs si l'on désirait s'édifier là-dessus l'on pourrait feuilleter quelques pages d'un pamphlet, ou parcourir l'histoire de la Révolution de Rome par M. Charles Rusconi.

Non, on n'expliquera pas les propos blessants à l'adresse de la France, érigés en système, si l'on n'observe pas que la France est un obstacle à la fébrile impatience de l'Italie, qui brûle de parfaire son œuvre d'unité nationale.

Celle-ci n'aime pas les atermoiements craintifs, les lenteurs calculées, les marches et contremarches hésitantes de son alliée. Elle désire aller vite par des moyens expéditifs et violents. De là les mécontentements, les murmures et cette vive irritation débordant en injures.

Les paroles donc que le gouvernement de Florence laisse impunément proférer contre la France et le Saint-Siège trahissent ses desseins hostiles contre Rome, parce qu'elles sont trop en opposition avec celles par lesquelles il a solennellement promis de la défendre. Cette contradiction nous convainc qu'il n'est point sincère, que ses promesses sont des mensonges, que l'Italie ira à Rome. Si les paroles le prouvent, les actes encore mieux.

III.

Qu'on veuille auparavant relire les quatre articles de la convention du 15 septembre, base sur laquelle se fondent, en se faisant illusion, ceux qui croient que l'Italie, ayant usurpé la totalité presque des Etats de l'Eglise, respectera la ville pontificale.

Il y a un mot dans le quatrième article gros de péril auquel on n'a pas prêté attention, et qu'il est opportun de relever :

« *L'Italie s'engage à ne pas attaquer le territoire actuel du Saint-Père et d'empêcher même par la force toute attaque venant de l'extérieur.* »

Remarquez-vous ce terme, *extérieur*? c'est la clé qui ouvre la porte à des moyens demi-moraux, et leur donne libre champ. Sur l'ennemi extérieur, le gouvernement italien aura l'œil ; mais sur celui de l'intérieur, non ; dans Rome même, non.

Là donc le comité, ce pouvoir invisible au sein d'un autre pouvoir, qui décrète, commande la révolte, lutte avec persévérance et comme corps à corps, là le comité pourra s'y introniser, le poignard sanglant y jouer, y faire d'innocentes victimes et intimider les habitants ; les affiches incendiaires s'y étaler insolemment aux coins des rues ; l'argent corrupteur y faire des traîtres ; les troupes de vagabonds armés s'y introduire et y jeter le trouble ; les influences de toute sorte sur le timide, le faible, le mécontent, le jaloux, le rival, l'ambitieux s'y exercer, et toute cette longue série enfin de violence, d'intimidation, de vile hypocrisie, d'odieux mensonges, et de criantes injustices, y avoir comme droit de cité.

Elle préparera la voie aux inqualifiables entreprises du fougueux carbonaro qui, à tout propos, réclame Rome et se sert pour y arriver de moyens criminels qui lui ont malheureusement trop souvent réussi.

Mais quel rapport y a-t-il, dira-t-on, entre cet aventurier cosmopolite et l'Italie? Un rapport étroit. Garibaldi et Victor-Emmanuel sont par le fait deux adversaires de la Papauté, mais deux adversaires individuellement impuissants pour la réalisation d'une idée commune. Le projet d'unification de la péninsule italienne les a accouplés. Ce sont les héros inséparables de cette lamentable et scandaleuse odyssée, l'un mis à la tête de la Révolution armée, l'autre qui s'y est vendu, reniant la glorieuse tradition de foi, de vertu et de sainteté de la maison royale dont il est un membre déshonoré ; et tous les deux associant dans leur triste personnalité une nation catholique à une ténébreuse secte antichrétienne.

Cette union est manifeste en 1859, lors de la guerre contre l'Autriche.

Voyez en effet Garibaldi y marcher à côté de Victor-Emmanuel contre le même ennemi, l'Empereur d'Autriche, protecteur des princes italiens, qu'il visait à déposséder. L'Autriche vaincue, ils n'ont pas encore lié le premier nœud de l'unité péninsulaire, mais ils ont réussi à renverser le plus fort obstacle avec le concours indispensable de la France.

Elle subsiste sept ans après, en 1866, époque de la seconde guerre contre l'Autriche, où Garibaldi fut de nouveau élevé au grade de commandant d'un des trois corps de l'armée de Victor-Emmanuel.

La série des annexions qui se font par la violence dissimulée ou la guerre ouverte met plus en relief cette union qui se perfectionne en une douce amitié. Garibaldi marche le premier comme à l'avant-garde, et en bon ami Victor-Emmanuel le suit. Si Garibaldi, accompagné de ses volontaires, entre dans une capitale des duchés ou un chef-lieu de province, Victor-Emmanuel aussi et immédiatement après ; quand ce n'est pas lui, c'est son préfet qui s'y installe et prend possession en son nom : ainsi à Parme, à Florence, à Naples, à Palerme.

Les biens acquis par l'un sont invariablement remis à l'autre. S'ils ne partagent pas les conquêtes, ils partagent du moins la gloire.

On se souvient de l'entrée triomphante de Victor-Emmanuel dans la ville de Naples et de la splendide calèche dans laquelle il en parcourut les rues ; mais qu'on ne l'oublie pas, Garibaldi y avait une place, et l'on put voir là côte à côte la croix de Savoie et la chemise rouge.

Mais le plus touchant de cette amitié, c'est qu'elle est tout empressée dans les cas de détresse.

Garibaldi a eu de la chance avec des moyens équivoques ou demi-moraux et dans quelques-unes de ses échauffourées belliqueuses. Mais, il est à remarquer, que chaque fois qu'il a été impuissant ou qu'il a échoué, chaque fois son royal ami n'a pas manqué de venir à son aide.

Ainsi, sur les bords du Vulturne : là, quand Garibaldi avec les siens, perdant courage, plie et abandonne le terrain à François II vainqueur, Victor-Emmanuel, aux aguets, traverse, aveuglé par la tendresse, les Etats du Pape, et par des marches forcées, arrive à point nommé, pour prêter main forte à Garibaldi en déroute.

C'est de l'histoire.

A Marsala, ville de la Sicile, que Garibaldi ne peut atteindre en marchant sur l'eau comme St Pierre, Victor-Emmanuel ne met-il pas à sa disposition et le bâtiment pour aller et le port pour s'embarquer, le tout pour faire la conquête de la Sicile.

C'est encore de l'histoire.

Et quand il est reconnu que le condottiere ne pourra pénétrer des limites de la Toscane dans les Marches et l'Ombrie, défendues par la brave armée des zouaves, rendue capable par les soins du général Lamoricière de lui résister, Victor-Emmanuel n'envoie-t-il pas cinquante mille hommes pour la défaire, et dix vaisseaux à Ancône pour réduire cette petite place forte ?

C'est toujours de l'histoire.

Les eaux et les collines sanglantes de Castelfidardo comme Marsala sont là en témoignage de l'amitié qui unit le seigneur, roi d'Italie, et son homme-lige ; amitié bien forte puique Aspromonte n'a pu la rompre ; et ne croyez pas qu'elle fût refroidie quand le flibustier se faisant ermite, s'éclipsait à Caprara ; non, il y reprenait des forces à l'ombre de ses lauriers quelque peu flétris pour voler à de nouvelles conquêtes.

Et aujourd'hui, après dix ans, elle n'est pas éteinte. Ah! c'est qu'au total des annexions, il en manque une.

Rome est le dernier reste des Etats Pontificaux qu'en divers temps, empereur, rois et princesses ont gracieusement concédés au chef de l'Eglise pour le libre exercice de son pouvoir spirituel. C'est donc Rome que convoitent Victor-Emmanuel et Garibaldi ; c'est donc avec raison que nous disons : l'Italie ira à Rome, et elle ira malheureusement bientôt.

Car à cette heure, des sommets des Alpes à l'Adriatique, des montagnes du Tyrol à la pointe des Calabres, toute la péninsule italienne est annexée, sauf un seul point le plus critique, mais le plus important, puisque, au dire des partisans de l'Unité, Rome doit être la capitale de l'Italie, sans laquelle celle-ci serait un corps sans tête.

Bien plus, le malaise qu'elle éprouve vient, disent-ils, de la privation de cette ville : après son annexion, tous les maux seront guéris. Les journaux l'écrivent tous les jours, les patriotes le répètent à l'envi, que Rome est nécessaire à l'Italie, qu'il la lui faut coûte que coûte.

Aussi vient-on de lâcher le hardi flibustier aux portes de Rome où il concentre toute son action. Il rôde autour de la campagne romaine comme un loup autour d'une bergerie, observe, tourne, flaire, hurlant de temps à autre : Rome ou la mort. Impatient, il va de Velletri à Orvietto, à Vicole, cherche, combine, demande, enrôle. Il avait une peine, la Prusse, en lui faisant passer de l'argent et des fusils, l'a lui la enlevée. Garibaldi ne s'est jamais caché de ses intentions sur Rome, il les a insolemment déclarées aux habitants récalcitrants de Rome : « Les Romains ne veulent « pas venir à nous, a-t-il dit, eh bien ! nous irons à eux. »

Or, dans cette dernière agression, de deux choses l'une : ou l'éhonté mercenaire aux gages de l'Italie réussira, ou non. Si par malheur il réussissait, Rome serait prise et le Pape peut-être en fuite.

Mais s'il échouait, comme il se pourrait, après deux tentatives avortées, et en face de l'armée du Pape, dont tous les zouaves donneraient leur vie aussi facilement qu'une goutte d'eau, nous demandons en ce cas quelle sera l'attitude de l'Italie. Nous répondons : elle passera le Rubicon, elle ira à Rome.

Hé! que pourrait-on supposer capable d'en détourner son gouvernement, serait-ce sa conscience? Mais il a maintes fois prouvé qu'il n'en a pas.

Seraient-ce les cris indignés du monde juste et honnête? Vingt fois ses cris ont retenti comme un airain frappant vainement l'air. Serait-ce peut-être la Convention du 15 septembre par laquelle il a juré d'être le gardien de Rome? Le fidèle gardien que le Gouvernement Italien !! autant vaudrait établir gardien d'un logis un adroit filou.

D'ailleurs sa parole donnée ou écrite n'a plus de valeur depuis qu'il est parjure.

Qu'est-ce encore qui pourrait l'en détourner? La crainte de la France? Mais la France n'a point fait de menace, et nous avons prouvé qu'il ne la redoute pas, puisqu'il l'insulte. L'appréhension d'un insuccès? Mais il a plus de deux cent mille hommes sous les armes, tandis que le Pape n'en a pas dix mille.

Quoi donc? Rien. Il foulera aux pieds les droits sacrés de la justice, de la conscience et de l'honnêteté. Rien ne l'arrêtera, il ira jusqu'au bout, *al fundo*, à Rome.

Pourquoi tant s'efforcer de le prouver, nous n'avions qu'à rapporter une seule parole que le premier ministre d'Italie a prononcée. Au moment où Garibaldi élaborait son plan d'attaque, M. Ratazzi n'a-t-il pas dit de sa propre bouche que l'Italie aurait un jour Rome, seulement que le moment n'était pas opportun ; le moment n'était pas opportun parce qu'il était en pourparlers avec la France. N'ayant rien obtenu de favorable de la France, qui s'est interdite tout acte positif, il combine avec Garibaldi.

Après une telle déclaration, l'ombre d'un doute n'est pas possible, il n'y a plus qu'à se résigner et à voir s'accomplir les derniers évènements qui vont conclure pour un temps la question romaine.

L'Italie ira donc à Rome. Elle ira poussée par la folle ambition de son roi et par la haine implacable du bruyant chef démagogue contre l'Eglise de Dieu. Elle ira éblouie par la perspective séduisante de grande puissance européenne ou l'idéal présomptueux du colossal empire latin renouvelé.

Elle ira par la force, puisqu'elle n'attendra pas qu'elle vienne à elle, ne respectant ni les droits nationaux, ni la libre volonté des peuples, ni la manifestation sincère de leurs vœux. Oui, elle ira pour jouer peut-être dans cette catastrophe finale tout l'enjeu de la partie.

Pour ne pas y croire, il faudrait, supposition inadmissible, ignorer ses desseins bien connus, son habile plan et la trame infernale de ses actes injustes et révoltants, qui en sont le développement durant un passé de dix ans. Pour ne pas y croire il faudrait être assuré d'une énergique intervention de la France, d'une seule chose au monde qui sauverait tout, d'une menace qu'elle serait résolue de lancer au cas du plus léger mouvement hostile contre la ville pontificale.

Il faudrait aussi n'avoir pas été le témoin de son excessive indulgence et de sa trop grande bienveillance envers l'Italie, l'aidant de son argent, de ses armes et de ses principes subversifs, et n'avoir pas vu Garibaldi libre de tout dire et de tout entreprendre contre la Papauté.

Pour ne pas y croire enfin, il faudrait n'avoir pas contemplé sur une ligne du plan de conspiration et le violent émissaire des loges maçonniques, et le roi de Piémont et Charles-Louis Bonaparte, sans parler du dernier figurant, le Léopard anglais, dont on découvre toujours les griffes dans les eaux troubles, et, en un mot, n'avoir pas saisi la portée des faits que nous venons d'exposer.

L'Italie ira certainement à Rome, combler la mesure de ses forfaits, moins noirs d'injustice que d'hypocrisie et de trahison par le plus abominable de tous les attentats, la prise sacrilège de la Métropole de l'Univers catholique ! Asile inviolable du Pontife suprême, siège immuable de son impérissable sacerdoce, trône providentiel de sa royauté temporelle, le boulevard de sa souveraineté spirituelle et de sa nécessaire indépendance ; de la Cité-Reine ! Foyer inextinguible de lumière et de civilisation, centre fécond d'admirables œuvres chrétiennes et humanitaires, et grand palais des arts, où affluent les admirateurs et les reproducteurs de ses chefs-d'œuvre ; de cette ville sainte ! champ héroïque de si glorieuses luttes, sol sacré arrosé du sang le plus pur, couvert des sanctuaires vénérés, recélant de si précieuses dépouilles ! de Rome en un mot.

L'Italie va s'en emparer, son roi s'y installer et après, tout sera fini dans les desseins pervers de la criminelle nation, mais non pas peut-être dans ceux du Dieu-Vengeur.

Nous voudrions bien nous persuader que nous sommes dans l'erreur et croire à une illusion de notre esprit ; elle serait si heureuse et si douce ! Mais non, ce que nous écrivons n'est point l'effet de notre imagination rêveuse, ou de notre esprit prévenu ; non, c'est le résultat d'une profonde conviction formée par l'étude attentive et suivie des hommes et de leurs actes, depuis le premier jour où la scène de ces douloureux évènements fut ouverte.

D'ailleurs, si nous nous trompions ou nous faisions illusion, nous aurions l'honneur de n'être pas seul. Des paroles d'une incontestable autorité n'ont rien dit de moins ; elles ont dit les mêmes choses dans le même pressentiment.

« Le dénouement du drame actuel, a dit M. de Falloux
« en 1865, ne peut donc faire l'objet d'un doute sincère.
« La Providence signera d'ici à deux ans une convention
« avec la Papauté, ou les Piémontais, qu'ils partent de
« Turin, qu'ils partent de Florence, seront à Rome en ver-
« tu d'un prétendu plébiscite, d'une émeute disciplinée ou
« d'un massacre.

« Cette conjecture, du reste, n'est point une prédiction,
« c'est un souvenir. L'Empereur a lui-même tiré cet au-
« gure ; et si l'on veut bien ouvrir le *Moniteur* du 12 oc-
« tobre 1859, on y lira ces mots en réponse au Cardinal
« Donnet : L'Europe ne peut permettre que l'occupation,

« qui dure depuis dix années, se prolonge indéfiniment;
« et quand notre armée se retirera, que laissera-t-elle
« derrière elle? L'anarchie, la terreur ou la paix [1].

« Ainsi à Rome, ou nous, ou l'anarchie.

« Le titre de l'écrit de l'illustre publiciste : *Itinéraire de*
« *Turin à Rome*, parle aussi clairement que son texte, car
« dans ce cas Florence n'est qu'une étape.

« Il ne faut pas s'étonner, a dit le Cardinal Antonelli,
« si l'on considère les conseils qui prévalent dans ce gou-
« vernement (piémontais). Peut-on espérer de celui qui a
« pris la Révolution pour guide à Turin, qu'il arborera un
« un autre drapeau à Florence? Ce qui importe surtout au
« parti révolutionnaire, c'est de détruire le règne social du
« catholicisme; il ne pourra donc pas s'arrêter avant
« d'avoir abattu de fait le domaine temporel, qui est le
« boulevard et la force de ce règne. La crise actuelle cons-
» titue la plus grande épreuve à laquelle pouvait être sou-
« mise la sûreté et l'indépendance du Saint-Siège. Cette
« épreuve dépasse même celle qu'il a traversée en 1848...

« D'après ces considérations, il sera aisé de se rendre un
« compte exact de la nature et de la gravité des dangers
« auxquels se trouvera exposé le Saint-Père, après le dé-
« part des troupes de Rome [2]. »

Mais, depuis un an et demi, les évènements se sont ra-
rapidement succédé.

« Non, s'écrie ému Mgr Dupanloup, au premier rang des
« écrivains éminents qui ont soutenu la cause de la Pa-
« pauté avec leur plume, comme d'autres avec leur épée;

---

[1] *Itinéraire de Turin à Rome*, Comte de Falloux.
[2] Memorandum du Cardinal Antonelli, février 1866.

— 52 —

« la Révolution, si elle arrive, ne viendra pas de Rome
« mais d'ailleurs. Et c'est ici que je trouve des signes et
« des symptômes qui m'inquiètent.

« Dans les pays de montagnes, quand l'orage approche,
« les vapeurs commencent à s'exhaler de tous les marais...

« L'Italie est-elle à bout de ressource? a-t-elle besoin
« d'un coup, d'une diversion, d'un évènement nouveau?
« Je le crains.

« Je suis inquiet, car, je le dois avouer, je ne crois guè-
« re à la bonne foi italienne. Puis-je oublier l'expédition
« de Garibaldi en Sicile, les désaveux et les comédies de
« M. de Cavour... J'aurais préféré que le *Moniteur,* au su-
« jet de la convention du 15 septembre, parlât pour le
« goûvernement français plutôt que pour le gouvernement
« italien... Il se tait au nom de Paris ; il parle au con-
« traire au nom de Florence.

« Je suis inquiet, et j'ajoute avec tristesse, parce que je
« ne crois pas à l'ascendant moral de la France en Italie,
« ni qu'il suffise à arrêter la Révolution...

« Je demeure inquiet et je ne me suis jamais confié à la
« paix apparente des six mois qui s'achèvent [1]. »

Le péril est imminent : la voix alarmée de la vigilante vedette de la Papauté crie six fois qu'elle est inquiète. L'éloquente sommation à M. Ratazzi que nous lisons en écrivant ces lignes, en est une confirmation et comme son dernier cri de détresse.

Nous ne nous faisons point illusion. L'Italie n'empêchera pas Garibaldi d'aller à Rome. Elle aidera à tout

[1] Lettre de Mgr d'Orléans à un ami (août 1867).

faire, ou fera tout. La Question Romaine est arrivée à son terme ; le dernier évènement qui doit la clore va se produire. Aussi tremblons-nous à tout instant qu'on ne nous apporte la fatale nouvelle de la prise de la Ville Eternelle et de la fuite de Pie IX.

Deux bras cependant avaient mission de le défendre ; mais tous les deux ont manqué au devoir, l'un en devenant son spoliateur, l'autre en lui retirant son appui. Tous les autres sont ou coupablement indifférents, ou trop faibles, ou fauteurs.

Nulle puissance de la terre, qui veuille ou puisse le secourir.

Voilà donc le doux et innocent Pontife, livré à ses ennemis.

Un jour au moins, dans une pareille crise, il put se consoler et dire : l'envahisseur approche, mais mon défenseur attitré ne tardera pas d'accourir pour l'arrêter dans sa marche ou pour châtier sa coupable agression. Aujourd'hui il ne peut le dire, et, de quelque côté qu'il tourne ses regards, il ne découvre au loin qu'un sombre horizon ; s'il les fixe vers l'Occident, il voit la catholique Espagne, mais se débattant avec peine dans les angoisses d'une lutte intestine ; s'il les porte vers le nord, il voit la fidèle et compatissante Autriche, mais privée de la liberté de ses mouvements et comme muselée et à la chaîne ; s'il les élève plus haut, il aperçoit la vaste contrée autrefois Saint-Empire, dont le puissant Empereur était comme une épée au côté de Pierre, mais aujourd'hui divisée de cultes ; si ailleurs, ou insensibilité, ou peut-être joie secrète. Ainsi plus rien à attendre pour lui du côté de la terre.

La voilà donc cette autre victime ayant des traits si frappants de ressemblance avec la première, placée comme elle sur un autre bois au haut du Golgotha, par l'isolement complet où elle a été mise, les mains et les pieds liés par l'impuissance à laquelle elle a été réduite. Devant elle aussi s'agite la tourbe furieuse d'insensés blasphémateurs. Elle répond aux malédictions par des bénédictions. Comme de la bouche du divin crucifié, une douce et aimable plainte sort de la sienne. Elle ne s'adresse pas à Dieu, écoute, ô France, c'est à toi qu'elle s'adresse.

O France, tu m'as abandonné! et pourquoi? t'ai-je offensée?... Ne t'ai-je pas loin de là comblée de bienfaits? N'est-ce pas moi qui, en faisant couler l'eau régénératrice sur le front de ton premier roi, ai déposé dans ton sein le germe de ta puissante fécondité en tout ce qui est grand, beau, noble et invincible, sujet de ton légitime orgueil, objet de l'admiration et de l'envie de toutes les nations de la terre.

Si les abeilles font la ruche et la mère son enfant, n'est-ce pas moi qui t'ai formée de mes mains? Moi-même ne t'ai-je pas souvent bénie dans tes soldats debout si longtemps autour de mon trône et fait des vœux pour ta prospérité. ?

O France que j'ai tant aimée! tu m'abandonnes!... O France! tu me trahis!...

Et toi, son chef, par un baiser!... toi à qui j'ai ouvert un asile dans les membres de ta famille proscrite!!..

Tous les rois de la terre ont inconsidérément ou lâchement délaissé Pie IX ; mais n'y a-t-il pas encore des sujets, chrétiens ou non, dans le monde? C'est à eux que nous nous adressons et à qui, du fond de son obscurité, notre faible voix désire se faire entendre. Nous voudrions, s'il se pouvait, monter sur le plus haut sommet du globe, et de là, convoquant tous les échos, jeter au monde ce cri d'alarme : hommes de tous les climats, peuples de toutes les contrées, chrétiens de tous les cultes, amis et ennemis : Malheur ! Malheur !! Sauvez votre cause en sauvant celle de la Papauté.

Hommes de tous les états, de toutes les conditions et de tous les âges, amis des sciences et des lettres, commerçants affairés, honnêtes ouvriers, paisibles laboureurs des champs, pères dévoués, fidèles époux, sortez un instant du tourbillon agité de vos constantes préoccupations, ou du calme paisible qui vous entoure, et écoutez : Il vous faut à tous, société, famille et religion ; de plus, vérité, liberté et paix.

Ou toutes ces choses, ou la mort, parce que vous êtes essentiellement êtres sociables, religieux, intelligents, responsables et faits pour le bonheur.

Or, sans la Papauté néant de tout cela.

Point de société.

La société repose sur ce principal fondement : le respect des sujets par les chefs, et le respect des chefs par les sujets. Or ce respect, c'est la Papauté qui le conserve, par l'Eglise, qui en est une école.

Point de famille :

La famille est impossible sans deux choses : l'unité et l'indissolubilité. La Papauté en a été et en est l'incorruptible défenseur.

Point de religion.

La religion est un corps enseignant et hiérarchique : or la religion sans la Papauté serait un corps sans tête.

Point de vérité :

La vérité c'est ce qui est : or pour dire ce qui est sans se tromper et sans craindre de l'être, il faut être infaillible. La Papauté seule l'est.

Point de liberté :

La liberté, c'est le mouvement de chacun dans les exactes limites de sa sphère. Or, point de juste mesure de liberté sans vérité : la liberté dans la vérité comme on dit. C'est la Papauté qui répand la vérité et c'est la Papauté qui donne la vraie liberté.

Point de paix enfin.

Non, point de paix sans la Papauté. La paix ! la paix ! crie-t-on partout et sur tous les tons, avec raison. Or point de paix sans ordre. Point d'ordre sans les lois et la soumission à ces lois, ou la charité qui ne saurait nuire au prochain, dans sa personne, son honneur et ses biens.

Or la Papauté est le foyer de la charité qu'allume et alimente la vérité.

Et nous ajouterons pour résumer et finir :

Sans la Papauté, il n'y a pas de monde comme il le faut ; car si le monde est un édifice avec sa voûte, la Papauté en est la clé.

Si donc ces grandes choses : société, famille, religion, vérité, liberté et paix reposent sur la tête de la Papauté et sont les biens qu'elle dispense aux hommes, la Papauté et ces biens sont sauvegardés par son indépendance.

Or la plus puissante garantie d'indépendance, c'est la propriété : l'homme est roi chez lui, a-t-on dit, et le Pape à cette heure n'a plus qu'une parcelle de la sienne, que des forbans vont envahir en envahissant Rome.

Malheur ! sauvons-nous donc en sauvant l'indépendance du Pape et son asile sacré qui en est le rempart.

Français, sauvons-nous. Cette malheureuse unité italienne inspire des craintes. Elle est présentement une menace. Elle peut être un jour la source de très graves dangers.

Sauvons-nous de l'ignominieuse tache qui flétrira notre front et pèsera sur notre conscience comme un lourd plomb. Quoi ! être appelés des traîtres ! Passe un Attila barbare, un Bourbon impie, un Napoléon Ier ambitieux ; mais un Français traître !

Sauvons-nous ! sauvons-nous de la responsabilité qui nous incombera devant l'histoire : avoir donné la main à une abjecte comédie ! avoir, pour ainsi dire, fourni le poignard à l'assassin, ouvert la porte au malfaiteur, avoir tout pu et rien fait !

On dit que l'opinion est une force pour le peuple et un guide pour les potentats, nous vous en conjurons, faisons-la sur cette grande cause.

Il est constant que nous voulons la société, la famille, la religion, la vérité, la liberté, le bonheur en un mot, manifestons alors nos désirs sur ces intérêts primordiaux, manifestons-les de toutes les manières, chacun dans sa sphère, en paroles, en discours, en écrit, en démarches, en sacrifices et en dévouement. A l'œuvre, hommes de bien. L'ennemi y est. Qu'aucun de nous ne dise : mais moi ?... Toi-même, humble ouvrier, tu as un poids dans tes mains que tu peux jeter dans le plateau de la balance et la faire pencher de ton côté ; et surtout ne dis pas, le Pape !... car si tu as compris les simples mots que nous venons d'écrire, le Pape, c'est toi, c'est nous, c'est tout le monde.

A l'œuvre, le temps presse, réunissons tous l'expression de nos volontés énergiques, formons-en comme un concert que nous ferons monter en affirmations solennelles aux pieds de l'élu de la nation, qui lui diront respectueusement, mais avec fermeté, nous demandons, nous voulons que le Pape soit à Rome, et que ses adversaires, s'ils y pénètrent, soient châtiés par votre main. A l'œuvre, à l'œuvre, hommes de bien. Il y a peut-être de notre faute, nous nous sommes endormis, réveillons-nous, il en est peut-être encore temps, agissons, travaillons pour nous retirer des bords d'un gouffre ; car qu'on le sache, jamais, l'histoire en main, on n'a ébranlé la pierre fondamentale de l'Eglise, ni touché à la robe de son chef sans que d'effroyables catastrophes ne soient venues fondre sur les nations.

Et nous le disons en finissant, c'est moins pour l'Eglise et son chef que nous tremblons à cette heure, que pour les malheureux peuples victimes le plus souvent d'une audacieuse et scélérate minorité.

L'Eglise souffre parfois cruellement, mais les peuples aussi, simultanément et autant, sinon plus.

Sauvons-nous donc en sauvant le principe de toutes vies, sociale, domestique, religieuse, vie de vérité, de liberté, de paix et de bonheur ; car après leur triste naufrage, il ne resterait plus à l'homme que la vie et le règne de l'animalité, ou de la force brutale, des ténèbres obscures et du mensonge odieux.

Sauvons-nous en sauvant Pie IX [1].

---

[1] Après ces paroles on doit se taire : les faits ont parlé. Plaise à Dieu que la perpétration du forfait mis au plein jour n'exige pas des deux nations coupables une plus dure expiation. La victime est toujours prisonnière au Vatican.

www.ingramcontent.com/pod-product-compliance
Lightning Source LLC
LaVergne TN
LVHW022114080426
835511LV00007B/816